JN417884

따뜻한 흙터

국립중앙도서관 출판시도서목록(CIP)

따뜻한 흉터 / 지은이 : 박창기. -- 대구 : 두엄, 2014
120p. ; 125×201cm

ISBN 978-89-85645-50-8 03810 : ₩8000

한국 현대시[韓國現代詩]

811.7-KDC5
895.715-DDC21 CIP2014011855

따뜻한 흉터

박창기 시선집

도서출판 두엄

自 序

따뜻한 시 하나 쓰려고
사유의 늪에서 오래 놀았다

정답이 없는 거기에 이르려
오늘도 간다

詩하늘과 함께 한 세월에 감사한다

사람대접해 준 가족이 고맙다
이 시선집을 바친다

2014년 봄, 수성못 아래 들안길에서
가우 박 창 기

차 례

1부

2부

3부

4부

1부

가을빛

늦은 귀로의 어머니
손등 위로 비치는
더 고울 것도 바랠 것도 없는
빛깔

단풍 한 잎!

갑자기

천둥 우는 소리 산 너머에서 건너왔다
앞산이 까마귀 떼같이 몰려가는 구름에 가려지고
마을이 슬픔으로 눈물 흘리듯 젖기 시작한다
계곡물이 두터운 비옷으로 갈아입고
천둥 닮은 소리로 무겁게 굴러온다
급박하게 돌아가는 세상일같이
한편으론 마음이 참, 지랄 같다
생쥐꼴이라니, 그런데, 시원하다
소나기란 이름에는 서원이 깃들어 있다
세찬 때림이여
거룩한 세례 같아서는,

개기일식

그대의 마음이 내 몸으로 건너왔습니다
내 그림자는 무엇으로 위로받아야 하나요
웃으며 기다린다는 것이 형벌인 줄 알겠습니다

고맙고 미안하다

늦게 들어와 미안한 저녁
침대에 걸터앉은 아내 곁으로 다가가 앉는다

가까이 다가가 앉는데
자꾸 엉덩이를 옮겨 앉는다

옮겨 앉을 자리가 더 이상 없자
물끄러미 나를 바라본다

나는 멋쩍어서 내 손을 아내 손등에 올렸다
따뜻하다,

아내가 입버릇처럼 하던 말 '입에 냄새나려 합니다'
그 말이 생각나 부끄러워지고 말았다

나무가 걸어오네

종아리를 걷고
발가락을 길게 내리고
나무가 걸어오네
어깨엔 사려 깊은 손들이 여럿
그림자를 길게 드리우고
나무가 걸어오네
걸어오는 나무를 쓰러뜨리는
오만의 인간, 그 앞에
쓰러지며 또 걸어오네
곁에 서고 싶은
나무가 걸어오네
하나둘도 아닌 여럿의
나무가 걸어오네
나무가 걸어오네

돌아가는 길

늦었지만
나, 속 털어 보기로 하네

가진 게 없어
남길 것은 없지만
속 썩였던 동안에게
–미안하다
말하기

더 사랑하지 못했던 일들에게
미워해 달라 말하기

이제 돌아가야 하는 길에
더 미워할 거 없느냐
물어보기

반달

성찬의 나눔이다
높이 들린 사랑의 편린이다
내 사랑을 너에게 주노니
서로의 사랑을 완성하라는 부탁이다
모든 가능성을 열어 둔 기다림이다
저것은 숙제다
끝나지 않은

밤길 어둡지 않더냐
—때죽나무

무엇이 그리 그리운지
밤길 걸어 걸어 온
별꽃 천지 그 아래
새끼손가락 걸어본
그런 사연도 하나 있어
오뉴월 밤길이면

그리운 사람 또 그리워지네
해마다 그 밤이면
밤길 어둡지 않더냐 물어주는
때죽나무, 꽃별 무더기

생기(生起)

저녁 해 누워드는 마당가
나뭇가지를 통과한 해가
담벼락에 불쑥 그림 한 폭을 건다
해로 찍은 낙관

사람 사는 세상에 찾아온
큰 그림만 그리는 화공의
일필휘지다
시시각각 변하는 화폭 속에
바람의 변신이 인다
살아오름이여!

소식

일상이 가벼운 바람처럼 지나가네
적요 하나가 가만히 발을 멈추네
발 곁에서 시간이 먼지를 터네
하루가 노을 언덕에 당도하네
열정은 붉게 토하고
휴식은 길게 드러눕네
꿈길로 가는 길이 멀고 머네
오! 그대

어처구니

어둠은 스스로 어둠을 물리치지 못한다
닫힌 세상에서는 기대할 수 없는 것인지
한 시대가 끝나서 좋아라 박수를 쳤는데
며칠 지나지 않아서 모락모락 헛소문이 돋는다
다스릴 걸 다스려야지, 사람을 다스리다니
뛰는 놈 위에 나는 놈도 모자라서
안개전법이다, 오리무중
심중에 어처구니를 얼마나 키우길래
나 좋아라 친 박수가 문전박대를 당하고
너 좋아라 지껄인 한마디가 가시가 되다니
안개전법과 오리무중의 세상에서는
어느 누구도 안전하지 못하다
너의 어처구니가 나의 어처구니를 할퀴기 시작해서
그만 어처구니가 없다

여름을 말해 보는 것

무료함의 변두리가 되는 것
부른 배 드러내고 게을러보는 것
그러다가 갑자기 안달하는 것
냉콩국수 같은 걸 떠올려보는 것
초록이 저문 사내가 초록 그늘에 누워
초록을 하냥 그리워해 보는 것
개꿈 한번 꾸는 것
마른 하늘에서 별안간 번갯불이 튀는 것
그 불기로 콩 볶아 먹어도 좋은 것
마침내 소나기 내리는 것
그 비에 젖어서 생쥐 꼴이 되어보는 것
물에 빠져 보는 것, 마음을 흐려 보내보는 것
먼 일들도 떠올려 보는 것
뭉게구름 흘러가는 것
인생이라고 말해보는 것

운흥사 꽃등불

운흥사 마당 벚나무 아래는 백야다
대낮에도 시들 줄 모른다
벚꽃 수만 등이 불 밝히면
봄바람이 발길을 잡고 놓아주지 않는다
늙은 두 그루 벚나무를 바라본다
저 아래 서면
왜 나는 사랑이나 미움으로 갈증을 느끼고
저 아래 서면
왜 나는 추억에 목매고 마음을 걸어 널게 되는지
오늘 나는 두 그루 부처에게 법문을 듣는다

–회개하고 비웠으면 그것으로 족하다
–오로지 너의 힘으로 회개한 것이어야 한다
–아무도 너를 구제할 수 없다는 걸 명심하라
–네 목숨 역시 떨어지는 꽃잎처럼 장렬하겠지만
그보다 못한 일일 수도 있음을 명심하라

이 저녁, 푸르른 정신으로

이 저녁, 푸르른 정신을
어둠의 장막으로 펼쳐 놓고
세상의 한 쪽이 밤으로 눕는 시간에 맞추어
빛나는 것들을 초대한다
가까운 별들은 가로등에 걸어 반짝이게 하고
멀리 있는 별들은 하늘에 떠올라서 반짝이게 하자
그리운 것들이 마주보며 빛이 나는 사이
세상의 모든 것들이
저마다의 언어로 소통하고 있었나니
나는 푸르른 정신, 되도록 할 말을 아껴보리
멀리서 소리 없이 커가는 것들의 숭고함을 배우며
나무에 걸려 되돌아오는 세상의 어떤 소리를 들으리
내 푸르른 정신은 단단한 은유로 귀결되어
더욱 깊고 유장해질 것인지
귀를 기울이기로 한다
늦가을의 저녁이 발 앞에 와서
감잎빛 노을의 순간이 지나갔다 하더라도
저 명징한 서녘의 시간을 무엇으로 찬미하리
시간에 떠밀려 가는 혼돈의 흔들림으로

이렇게도 저렇게도 말고
이 저녁, 푸르른 정신 같은 것으로
날것 그대로 훤하게 반짝이기를

작은 새 14

벼랑을 사랑하려거든
벼랑에 서게 될 때를 위하여
마지막 남길 언어는 간직해 두고
위험한 순간에도 용기 있는 말 한 마디는
마지막을 이길 수 있는 희망과 같은 것
수많은 벼랑을 껴안고 사는 산처럼
네 삶의 의식들이 깊어지면 그때
벼랑에서 내려와
벼랑을 이긴 너는 세상을 안을 수 있나니
무릇 작은 돌부리에 걸려 넘어진다 해도
웃을 일이네 잔잔해질 일이네
아름다운 사람이라 불려질 때
그 모습이 가장 자기다운 때이니
때였으리니

휘영청

휘영청이라는 말 참 좋다
저 달빛 아래서는 어떤 오류도 용서될 것 같은
저 달빛 아래서는 어떤 유희도 가능할 것 같은
그래서 저 달빛 아래서는 까닭 없이 휘청거렸었는지
너나 할 것 없이 달빛 그림자에 묻히곤 했지
청춘은 그렇게 어제를 묻고 아침을 맞았지
아무도 뒤돌아보지 않았지
달빛은 그날이면 휘영청 밝았지

2부

70세

시간과 함께 온 나이테

세월이 데리고 놀았던 흔적

너도 올라야 하고 나도 올라야 하는 거기

그만 내려올 줄도 알아야 하는

내려놓을수록 편안한

그 자리

7080 콘서트를 보다가

필요조건이 없는 인문과학은 죽은 학문이다. 성찰이 없는 시와 사회도 몰염치의 징후다. 변화를 추구하지 않는 지혜는 지겨울 수 있으나, 강바닥에 놓인 징검다리를 건너듯 시의 사회도 그런 걸음을 걸어왔다. 벼랑 앞에 서 있는 한 마리 여우로 몰락해서는 안 될 일인데, 7080 콘서트, 다수의 대중이 흘러간 가수와 음악에 취해 하나가 되었다. 세월을 훌쩍 건너왔음에도 그 시절의 추억과 정서를 반기고 만족한다. 일부나 일시적인 현상으로 치부될 수 있으나 그건 아니다. 대중성에 반한 나 홀로 시인의 시대. 시는 어쩌면 그들만의 축제로 타락했는지 모른다. 지나간 노래가 오히려 편안하다. 시도 저처럼 가슴에서 오래 남기 위해서는 쉽게 읽혀야 하지 않을까. 입에서 놀아야 하지 않을까. 온몸으로 느껴야 하지 않을까.

7080 콘서트를 보다가 불현듯 화가 치밀어 올랐다. 온몸으로 건네지는 시가 있어야할 자리에, 저마다 혼자 놀아나는 시의 몰락시대. 진정한 사유 속에서 맺혀

지는, 저런, 가락 속으로 고개를 끄덕여보고 싶었다.

감옥

나의 감옥은
내 마음속이었다
어쩌지 못해
늘 갇혀 있는 나여!
아무리 탈출하여도
끝내는 거기였다
땅 한 평으로도 기록할 수 없는
이 세상에서는 존재조차 기록할 수 없는
끝내는 거기였다
나는 무기수다

겨울새를 위하여

바람 부는 날
구겨지지 않는 수면은 어느 곳에도 없다
겨울새가 내려앉자마자 더욱 구겨지기 시작한다
물무늬 만으로 수천 벌의 주름치마를 지어낸다

산다는 건 때로 긴장을 깨트려
삶에게 개그 같은 촌극을 선물하는 일이었다
근엄한 겨울이어야 하는 법은 더더욱 없다
겨울새의 안식을 위하여
고요한 수면을 내어주는 일
지상의 몫이다

그리운 봄

계절의 경계가 없는 도시에서는 잘 느껴지지 않았다
거기 여름의 괴물이 봄을 짓밟고 와 있다
후투티, 종다리, 제비, 알락할미새, 직박구리 등이 언제 울었던가
벌 떼를 몰고 아카시가 긴 하품을 하는 하오 산자락
쑥술 몇 잔에 정신줄이 오락가락하던 순간에
누렁이의 출현에 그만 키스를 허락하고 말았다
산자락을 지키는 누렁이
이놈도 외롭기는 마찬가지였나 보다
마을이 내려다보이는 석상石床에 둘러앉아
술잔이 도는데 '구룡산 가족 건강'을 위한 구령이
온산을 쩌렁쩌렁 때린다

이곳의 봄은 정차 위반으로 구금당하고
벌 떼, 나비를 앞세운 시건방진 초여름이 자리를 폈다
힘 모자라는 산타페 끌고 올랐던 산길
내려갈 때도 조심 조심 무릎걸음으로 갈 참이다
두릅이랑 취나물이랑 청매실 찾아서

다시 찾게 될 이 골짜기
누렁이 짖는 소리에 맞춰
지나간 봄 쪽으로 고갤 돌려 보았다

구만리 보리밭 그 언덕에서

바람이 달려들었을 때
보리는 휘었을 뿐 눕지 않았다

바람 잦던 그해 봄 보리밭에도
이랑마다 바람이 덩이째 누워들었다

오랜 시간 머물며 조곤조곤 나눈 그 얘기
보리와 바람 외에 아무도 듣지 못했다

초여름 그 땡볕이 오고야
그 밀어의 정체를 알 것 같았다

바람타지 않은 것들이, 기다리지 않은 것들이
목마름 뒤에서 오는 시간의 결정을 어찌 알겠느냐

건강한 침묵

전화가 왔다
저쪽에서 웃음소리가 풀썩이더니
날씨도 좋은데 뭐하느냐고 묻는다
-나, 종일 아이 보고 심부름하고 있어
아무것도 못하고
곁바라기 한 것이 고작이라고
대답하고 싶은데
궁색한 느낌이 든다

이쪽과 저쪽 사이로 흐른 것은
분명 따뜻한 소리였는데
소리 속에서 나를 지켜준 건
건강한 침묵이었다

나는 혼자서 안도의 숨을 쉬었다

나, 가네

안이 있으면 밖이 있고
안에서 밖으로의 이동은
나가는 거 아닌가
그래서, 나 가네

잘 있게, 이념이여
닫힌 마음 내려놓고
열린 세상으로 나가네
나, 가네
쉬으러 가네
쉬으러 가네

나그네

눈앞의 꽃보다
그는
강 건너 등불을 더 좋아했다
멀리 돌아다녔다
오랫동안 헤매고 다녔다
따라다닌 건
늘 빈손
가난이 사랑이었다
사랑할 수 있어
부끄럽지 않았다
오늘도 강 따라
발이 가고 있다

낮달

아궁이로 지핀 불이
아침녘 윗목에서 식어가는 중이다

저물녘 보름달 같은 엄마 마음이
아침녘 시름에 겨워 몸져눕는 중이다

저 얼굴에서 벼린다는 말을
가만히 끄집어내 본다

머지않아 집 찾아올
본마음을 읽는다

돈

갈 날이 가까워지는데
주머니가 자주 가볍다
젊어서 군에 갈 적에도 그랬다
청춘을 탕진하고 싶었다
이젠 갈 날까지는 밥 안 굶으려고 아낀다
주머니 두둑할 땐 객기도 부렸지만
그러는 것도 허상이라는 생각이다
잊지 마라
마음먹을 때가 늦지 않을 때이니
아껴보자
달라는 사람에게 줄 수 있도록
아끼고 또 아껴보자
절대로 가져가지는 못하나니
기꺼이 쓰고 가자

아까운가, 그럼, 가지 말게
혼자 사시게

빅뱅

너와 난 멀리서 서로 그리워했던 별이었다
별빛이었다
그렇게 팽팽한 긴장으로 서로를 당기고 있었나 보다
바라보는 것으로는 모자라 서로에게 다가가려 마음을 움직였나 보다
마음을 움직일수록 더 보고 싶다는 간절함이 더했나 보다
간절함이 끓으면 끓을수록 빅뱅 같은 태초가 발생했나 보다
새로움을 위하여 블랙홀은 파괴시켜야 한다
나를 지키기 위하여 이웃별과의 어울림을 위하여
자유를 위태롭게 하는 내면의 블랙홀에서 벗어나
나를 이기고 관계를 지속시켜야 한다
빛으로 나아가야 한다, 무의식의 상태를 버리고
사랑이 먼저인 빛으로 나아가야 한다
어둠의 그림자를 벗어나려 할 때마다
초월의 위협은 늘 따라온다, 이겨야 한다
나를 이기고 전체와의 관계를 회복시켜
존재를 찾아야 한다 경이로운 우주를 위하여

상처가 새 터전을 낳는다

지난 해 가을 무화과 가지를 엄청 잘라 내었다
올봄 마당의 다른 나무들은 잎을 달고 꽃을 피우는데
무화과가 늦도록 소식이 없다
그러다가 오늘에사 잎눈을 틔운다
자세히 들여다봤더니 지난 해 무참하게 잘린
가지마다의 끝 자락이었다
잎눈이 소복이 모여서 눈을 틔우는 것을 보니
마음이 짠해진다
그 자리는 분명 상처의 자리였다
몹쓸 짓을 했다고 나무를 아는 이가 힐난을 했다
내 딴에는 새 가지에 새 과일이 열리도록 하려는
마음이었는데 무식한 사람이 되고 말았다
걱정이 안쓰러웠는지
상처를 이겨낸 무화과가
허공으로 잎눈을 내보이는 중이다

나무도 스스로 자신을 치유한다는 것
상처가 새 터전을 낳고 있었다

원초적인 저 소리

몽돌은 검은 전설이다
그를 사랑한 파도의 희생은 눈물겹다
묵언으로 일생을 받들기란
그래서 온몸으로 우는 거다

좌르르르좌르르르!

몸 섞으며 해탈하는 저 소리
수평선이 몸 뒤척일 때마다
해안의 가슴이 뱉어내는
탄성 같은 저것

좌르르르좌르르르!

애틋하면 무엇인들 안 그리우랴
먼 길 오며 걸려 넘어지기를 여러 번
마음 가는 것에 몸 간다지 않은가
마음에 드는 이와 입맞춤은 황홀일 것이네

>

좌르르르좌르르르!

자유로에서

강이 따라왔다

강이 따라왔다

달리던 내내
저 경계에 내 말과 생각을 내려놓았다

자유는
바보들이나 하는
물수제비 놀이 같다는
상념에 젖었다

강이 따라왔다

물빛이 따라왔다

정말이지, 모래는

모래 알갱이는 서로가 그리워 흩어지지 않는다
바람에 날리고 비에 쓸려도 붙어 다닌다
기막힌 운명인 걸 알지만
함께 있는 것이 살아 있는 것임을 아는 까닭이다
그리운 모래가 곁에 있어, 때로는 몸을 바꾸기도 하고
모양을 바꾸어 가면서까지 세상에 존재하려 한다
한 세상 헌신하려 할 때는
물과 시멘트와 햇볕과 바람을 빌려 스스로 낮추었다
정말이지, 모래 알갱이는 모래가 있어 외롭지 않다
견고한 이웃이 있을 때 사람의 마을도 아름답다

흔적 2

흔적이란
생명 있는 것들이 시간을 다투어 드러내는 것
너도 그러하고 나도 그러하다
세월의 오고감이 또한 그러하다
그것은 거짓을 모른다
드러난다는 건 엄청난 일이다
참으로 어마어마한 일이다
광치기해안* 근처에는
바람과 파도의 흔적이 꿈틀댄다

*광치기해안 : 성산일출봉 근처 제주올레길 2코스에 있는 해안

3부

겨울 추암

연이틀 안개 같은 물보라가 휘날렸다
귀를 어지럽히던 그 소리
흰 갈기를 날리며
헤아릴 수 없이 많은 백마가 앞다투어 달려와서는
미끈한 형체를 버리고 허옇게 드러누웠다
여기에 오면 누구나 상상하게 된다
수평선 너머에서 자라난 바람의 떼
그것들은 자유 이상의 방종 마냥 찾아와서
나는 여기서 그대를 기다려 소주와 회를 준비한다
파도와 소주의 속성은 비슷해서
휘몰아치는 습성으로 한 판의 교감을 나눈다
석양이 어언 하현달로 떠올라도
아무도 밤이라 초조하지 않는다
양귀비꽃빛 같은 탄성이 술상에 쌓여갔다
온몸으로 바닥을 드러내어 보여주는 추암
눈 앞의 백사장에 갈기 휘날리며 달려오던
백마의 한 떼들이 벅찬 발굽소리를
드높여 주었다

그 바다에 가고 싶다

그 바다에 가고 싶다
바라지 않아도 저 홀로 출렁이다
멀리서 온 강물을 뜨거운 가슴으로 맞이하는
그 바다에 가고 싶다
우리는 모두 너무 기다렸다
기약할 수 없는 신기루들을 마냥 기다렸다
바다가 우리를 기다렸던 건
우리의 기다림만이 아니라
우리의 추억이었다
저 홀로 길을 내어 흘러가는 강물을 보라
추억이 함께 흐르지 않고서야
먼 길을 에돌아왔겠느냐
그리움에 목이 마르지 않고서야
머언 샛 강물들을 불러보았겠느냐
강물이 바다를 만나 마음껏 출렁이는 건
기쁨의 손뼉이다
기쁨의 광휘가 저물고 나면
추억은 되살아난다

추억 안아들어 새로운 모습으로 태어나는
그 바다에 가고 싶다

저 가지에 봄이 길다

키 큰 능수버드나무 한 그루
팔을 길게 늘어뜨리고 연신 흔들리고 있다
엊그제만 해도 보이지 않았던 연둣빛이
오늘은 아침부터 배시시 웃고 있다
여럿의 팔로 웃고 있는 미소에 봄빛이 길다
신천에서 불어오는 바람 탓인지
춤사위가 제법 크다
춤사위 따라 흔들리다
때로는 플라이가이같이 몹시 흔들린다
형언할 수 없는 모양이 잦다
저 만큼의 높이에서
허공에 냅다지르는 발길질
빗으로 빗어야 넘어가는 머리카락처럼
바람은 모략질처럼 가지를 희롱한다
불온한 동거
봄바람은 불온한 동거를 드러내는 단서다
봄을 길게 끌고 가는 사랑의 단서
능수버드나무 가지의 연둣빛 미소로

저 가지에 봄이 길다

뭍이 물을 버렸을 때

이를 테면 내가 떠나온 마당을 떠올려보는 거다. 그 때는 거기가 우주였다. 하루의 시작과 마침이 함께 한 운명체의 놀이터였는데, 바보같이 나만 빈사상태다. 딱지치기, 구슬치기, 제기차기, 자치기, 말타기 소타기, 숨바꼭질, 땅따먹기, 고무줄놀이 등이 세월에 다 묻혀버렸고 흔적마저 사라져버렸다. 몸만 커서 건너와 버렸다. 그 마당에선 소금 냄새가 났었다. 몸과 마음을 통째로 묻혀 살았다. 어느새 내가 놀았던 마당은 간 데 없고 길만 휑하니 뚫려 버렸다. 그 길 따라 문명은 눈을 감고도 줄기차게 달려왔다. 과거는 깡그리 죽고 없었다. 돈이라 불리는 지폐들만 천지에 파다하게 퍼졌다. 내 영혼의 거처는 허상이 돼버렸다. 마음의 거처가 남아있다면 늦어서라도 찾아가고 싶었다.

봄

기다리지 않아도 너는
손끝 사이인 듯 몰래 묻어왔고
겉옷을 벗게 했고
셔츠의 단추를 풀게 했고
얇은 옷을 갈아입게 했는데

네가 오리라 짐작되는 길목에선
아지랑이가 일렁거려
나는 오수에 빠져드네

누리에 넘치는 너는 눈부셔
막을 수 없네
너를 어찌 이기겠느냐,
사랑스런 가인아!

새벽은 힘이 세다

새벽은 힘이 세다
추운 겨울 공기를 가르며
테니스장에 나서는 길
때론 귀찮고 추워서 주저할 때도 있지만
나를 일으켜 등을 떠미는
새벽은 힘이 세다
아침형 인간으로 만들어준 고마움에
감사한다

새벽이 낳아 놓은 사람들이 있다
세상의 곳곳에 작은 다리를 놓는 사람들
타인의 불편을 자신의 수고로 구제하는 사람들

첫 기차의 기관사처럼
첫 버스의 운전기사처럼
내게로 다가오는 택시기사처럼
꼭두새벽을 여는 새벽시장의 부지런한 손들
쓰레기를 거두어 가는 고마운 이들처럼

새벽은 힘이 세다
새벽은 힘이 센 사람들을 사랑한다

소통

지하철 입구에서 헤어지고
빗길을 달린다
잘 가고 있는지 묻는 안부가 지하로 스며들자마자
문자로 날아와 폰 스크린에 박힌다
날랜 자벌레였는지 벌써 앞서 가고 있다
신호등에 막힐 때마다 보낸 문자에
지체 없이 응답이 날아온다
지하와 땅 위를 오가는 기호의 조합
이런 여건이 태초에 존재했다는 것인데
늦게야 발견해서, 대단한 발견처럼
하루가 다르게 발전을 거듭한다
소통이 가벼운 시대에 살고 있는 우리
소통보다 더 무거운 마음으로
소통을 걱정하여 본다

순천만에서 바람을 만나다

그대가 처음
내게로 왔을 때처럼
놓고 가는 것 또한 우연이면 좋겠네

산자락 넘어오는 그대
바다나루 건너오는 그대
몸은 이미 지나고 마음만 뒤에 남아
갈잎 흔들며 흔들며
갯내음 들고 오는 그대

내 속에 가두어둘 요량도 없이
가는 일도 기약 없는 약속처럼
우연이면 좋겠네
기쁨처럼 아픔처럼
그러했으면 좋겠네

어떤 풍경

–야, 임마, 네가 환자 해봐

야간 응급실이 저지르는 무식한 처방

임상실험대에 올려진 반시체에 행해지는

지식의 횡포

아픈 사람은 자신이 어디가 아파서 왔는지 알아도

지식의 공식이 맞을 때까지

환자는 한 마리 실험 도구에 불과했다

어쩌면 죽지 않고 견디는 시간만이 해결의 열쇠다

고통의 찌꺼기 죄다 빠져나간 뒤의 실소란?

주말 저녁 내내 침묵으로 버티는

응급실 안의 풍경

여름 숲을 건너야 한다

여름 숲에 장맛비가 내린다
봄을 거슬러 온 바람이 데워져
구름이불을 털고 있는 것이다
두꺼운 곳에서는 굵은 빗줄기가
엷은 곳에서는 가는 빗줄기가
하루를 온통 젖게 한다
장마예보가 칙칙한 마음을 몰고 와서
일상에게 주먹을 날리고 있다
호흡을 가쁘게 몰아 쉬어야 한다
염천의 날로 이어질 심신을 단련하기 위하여
젖은 발바닥을 말려서라도
이후의 길을 걸어야 한다
온종일 젖은 날은 어두움이 오는 줄도 모르고
하루가 저물어 간다
물의 권력이 세상을 겁탈한 것처럼
나는 어느새 힘없이 가라앉은 침전물이 되었다가
내 숲의 향기에 희망을 걸고 일어선다
>

멀리서 한 떼의 빛이
무더기로 몰려오고 있었다

가을의 이별

가을에 하는 이별은 단순할 일이다

지는 것들의 낙하처럼

지는 것도 사랑이니 슬퍼할 일이 아니다

되돌아가는 연습이니 그리 서러울까

낙하 뒤에 얼핏 비치는 슬픈 모습도

다 지고 난 숲속의 여유처럼 단순할 일이다

슬퍼한들 무슨 위안이 되겠느냐

때를 기다리는 지혜를 (배워야 하지 않겠느냐)

먼 기다림의 뜰에 서기瑞氣 어리면

단순해서 행복하다 말하기

가을에 하는 이별은 단순할 일이다

콜타르라 불리는 사내

〈내 꿈은 원시로 가고 있다
신생대 언덕으로 오른다
메타세퀴이아, 포플러, 플라타너스,
느릅나무, 느티나무, 박쥐나무, 단풍나무
저 아름드리에서 사내 냄새를 맡는다
튼튼한 줄기를 불끈불끈 세우고는
화석이 되는 꿈을 꾸는 정신을 본다〉

나는 어제도 그 옆을 오래 지나왔다
무성한 가지와 잎으로
지층에 투신하려는 숭고함을 본다
무수히 쌓여 갔을 저들의 시체들
서서히 아주 서서히
조금씩 아주 조금씩
제 몸을 조여 갔을 시간과 변화의 무게여!
다시 충적세 언덕으로 오른다
굴삭기의 굉음도 뛰어넘어서
뜨거운 열에 검고 딱딱한 운명을 걸어버린
무던히도 참아야 했을 사내의 마지막 힘 같은

함묵의 뿌리 같은 사내에게
시간의 부식도 네 앞에서는
침묵하고 말았다

저 그림자에게 감정을 주고 싶다

달밤이었지, 아마
검푸른 창공에 별들이 배경으로 빛나고 있었고
바람이 실루엣처럼 흔들리고 있었지
창밖의 나무가 소리 소문 없이 들어와
누운 채 몸을 흔들고 있었어
내 몸을 감싼 채 무늬를 만들고 있었어
무겁지도 않고 간지럽지도 않았어
내 생의 한 순간에 참여한
저 그림자
실체도 없는 것이 빛을 배경으로
또 다른 생애를 조건 없이 살 수 있다니
감정 밖의 감정을 부여하고 싶다
목적 없이 지내는 이즘의 굴레를 꾸짖는
촌철살인 같은 것
달빛으로 하여 축복처럼 스며든 너에게서
나는 이 밤에 생명의 거룩함을 본다
내 너와 섞일 수 있음은
섞임에는 경계가 없기 때문이다

탁본되다

해에게도 꿈이 있는가
햇빛이 탁본해 둔 것이 내 그림자란 말인가
해돋이에서 해넘이까지 순간으로 치면
무려 수만 장의 탁본을 만든
저 치밀함을 어찌 감당할 것인가
이렇게나 투사되어 버린 나의 영혼은
그럼에도 생명이여 감사하네
날이면 날마다 나를 찍어내는
저 무모한 사랑이 어찌 고맙지 않으랴
제 하기 싫으면 그만두는 게 사람의 일인데
쉼 없는 변화를 어찌 부러워하지 않으랴
대가를 바라지 않는 부지런한 저 손에
갈무리되었을 내 영혼을 생각하네

4부

0과 1의 세계

0과 1의 세계에 온 것을 환영하네
냉철해져야 되는 양자계로의 진입을 위하여
먼저 흑백의 이분법을 버리시게나
비울 건 다 비우시게,
그러지 않아도 어차피 존재는 0과 1 사이의
촌음 아닌가
그러나 그 사이에 틈이라도 보이면
가공할 사건이 일어나리라는 것을 주시하시게

10월이 오면
세월 따라 오면서 채워진 것들과
10월이 가면
다투어 내려놓을 것들과의 별리를
바라다보아야 할 것이네

디지털의 세계가 만능이 아님을 알아차리는데
오랜 세월이 흘렀지만
0과 1사이의 틈이 있을 것이라는 가설을 증명하기까지도
오랜 세월이 걸릴 것이라는 가정을 하여보네

양자역학이 힘을 발휘하는 날이 오면
10월에 0과 1사이에서 고민했던 기우가
현실이 되어 인간 존재를 다시 생각하게 될 날이
멀지 않을 것 같네

컴퓨터로 지배되고 있는 오늘
10월의 첫날에
편리성에 이끌려 노예로 전락하는 것만은
막아야 하리라는 각성을 해보지만
자본에 의해 지배되는 우리의 힘으로는
아무래도 한계가 있는 것만 같으네
모르지, 또 누군가가
인류의 위대한 발견이라도 되는 것처럼
인간과 기계의 공진화를 실현하는 날이면
아, 모든 상상이 공상이기를 바라네
과학이라는 녀석 막을 수 없는 바이러스 아닌가
변종 바이러스 말이야

10월이 오면

맑은 하늘에 탁한 공기 내뱉으며
내 안에 오래 갇혔던 0과 1의 세계에서
나는 자유를 꿈꾸어 보기도 한다네

같이

세상에 발을 들여놓자
관계가 보이고
마음이 보이고
길이 훤히 트였다
혼자서는 늘 꼬였다

고마운 일

길을 건너려 횡단보도에서 기다리는데
지나가던 해가 살그머니
나무그림자를 내 쪽으로 드리운다

조건 없이 그림자 하나 데려와 가려준다

나도 생각 못한 일인데
우연한 이런 것이 참으로 고마운 일이다

그리움의 중개자

벌써 밤이 12시를 넘어 새벽으로 가고 있다
정처 없는 나는 대략 난감하다
시간의 국경을 넘자
눈송이 같은 별꽃이 쏟아진다
여기가 어딘지 묻지 마라
해맑은 별빛으로 위안을 받고 겨우 견딘다
몸 뒤에서 자꾸 파도소리가 들린다
이 밤에 내 어깨를 맡길 이 하나 없다
동행을 약속한 이도 없다
여전히 나는 홀로다
나보다 먼저 이곳을 다녀간 이도 그랬을까
여전히 그도 홀로였을까, 그렇다면
그리움의 중개자로 별을 하나 점찍어야 한다
눈빛 화살을 쏘아 마음을 전해야 한다
더 밝게 반짝여줄 기다림을 마련해야 한다
고요할수록 어두울수록 더 확실할 테지
그새 떠나온 저녁의 향기가 그립다
떠나고 싶을 때 떠나라고 했지만

길의 흉터와 한동안 함께 했던 뒤에서야
발목의 아픔을 짐작할 수 있었다
떠나본 사람만이 다시 또 떠나는
길의 인력 같은 것
단지 떠나겠다는 생각만으로
길 위에 서지는 못한다
내 안의 나를 잘 다독이고 난 뒤에서야
길을 제대로 떠났다고 할 수 있을 테다

노을이 돌아오는 저녁

노을이 돌아오는 저녁
하루의 수고를 내려놓고
저녁과 섞이는
그대와 마주 앉는다
아주 짧은 순간이었지
섞인다는 건 참 순수하여
내 마음의 맑은 정신 하나
돌아볼 겨를조차 없었네
이 마음의 궁핍을 어찌하면 좋으냐
이런 날
금방 섞인 초저녁이긴 해도
금성이랑 초승달처럼 마주보며
그리워하다
건너간 노을을 애닯다 노래해도 되겠는데
이런 날
노을의 등을 다독이며
저녁의 가슴을 함께 안아보아도
좋겠다고 하겠는데

노을이 돌아오는 저녁이면

멀어져가네

조금 전 헤어진 곳을 돌아보는데
내가 멀어지고 있다는 느낌을 감출 수 없다
별리 뒤에는 돌아보지 않는다고 했는데

아침에 집을 나서면 집은 점점 멀어지고
나는 어딘가로 가까워져 간다
목적지를 정하지 않았다 하더라도
어딘가에는 당도해야 했기에
멀어진 출발점과 가까워지는 도착점 사이에서
진저리친다

갑자기 어느 시인의 시구가 생각난다
'다시 연애하게 되면/…/
저물도록 몸 버려야지
돌아오지 말아야지' *
그런데 나는 술집이 보이면
몸보다 마음이 멀어진다
상처적 체질**이 아닌 것 같다

나는 나로 되돌아와 침묵으로 건너간다

하루 종일 스스로 끌고 온 길 뒤에서
내가 무너진다
누가 있어 처음의 그때로 나를 데려다 준다면
걸어온 길에 대해 들려주고 싶은데
무엇 하나 멀어져 가지 않는 것이 없다

*류근의 시 「반가사유」에서

**류근의 시집 『상처적 체질』에서

물수제비

물수제비 돌처럼 밟고 갔으면 좋겠다
표면을 오래 밟고 가서는
지친 영혼의 걸음
깊은 호흡으로 쉬어볼 수 있었으면
무거운 것으로 가벼운 것 위에서 버티기 위해
안간힘을 써버렸으니
스스로를 돌아볼만하겠다
지친 영혼에게는 휴식이 필요하다
물수제비보다 더 견고한 것은 수심이 떠받치는 힘
팽팽한 달음박질이 허용되는 것도 그런 까닭이었다
멀리 갈수록 더 큰 탄성이 나와
그 기쁨 한 번 더 맛보려고 납작돌을 찾으러
강변을 뒤지기도 했다
시야와 수평선이 맞닿은 거리에서
물수제비는 여지없이 날아갔고
수면 위를 퐁퐁 밟으며 뛰어갔지
물수제비의 발걸음을 따라
하나아

두우울
세에엣……

바다경전

뭍에 있어도
마음은 자꾸 바다로 달린다
뜻도 모르면서
바다경전에 푹 빠져서는 읽기만 했었던
나에게 최초의 시는 바다였다
온몸으로 읽는다고 아랑곳하지 않은 채
교만에 찌든 허상에 매달려 있을 때
파도 꼭대기에서 떨어지던 나를 보고서는
경전의 가장자리에서 헤매는 자신이
아무것도 아님을 알려 준 것도 파랑이었다
파랑은 바다만이 뱉어내는 언어
그 언어의 속살과 갈비뼈 사이에서
끊임없이 서슬퍼런 채찍을 들었지만
돌아선 쪽은 항상 나였다
만신창이가 된 이즈음에 와서야
바람이 그렇게 부러울 수 없다
바람은 나보다 바다의 경전을 더 잘 읽는다
바람은 파랑을 수도 없이 데리고

경전의 구석구석을 다독이듯 읽었다
바람은 큰손으로 바다를 다루는데

나는 겨우 몇 장의 경전을 넘겼을 뿐인데
심연의 끝장을 대면하기 까지는
몇 번의 허물을 벗어야만하는지
이제야 겨우 파랑이 남긴
언어의 파편을 줍는 것이 고작이다
다가설수록 두꺼워지는 바다경전의
깊은 페이지

너에게서 나는

할 말을 너무 많이 가진 너에게서
한마디 말도 듣지 못하고
할 말을 못해 가슴 아픈 너에게서
한마디 말도 끄집어내지 못했다, 나는
할 말을 하고 나면 쓰러질 것 같은 너에게서
지켜야 할 일이란 사소하나
오래 기다려야 하는 거
차마 듣지도 끄집어내지도 못하는
아, 불쌍한 나의 상상이란
네 속의 말을 죽이는 일은 잠시나
살리는 일은 영원한 보살핌이 아니더냐
네 아픔의 어깨를 감쌀 수만 있어도
네 고뇌의 등을 다독일 수만 있어도
네 눈물의 고통을 느낄 수만 있어도
네 인내의 언덕을 오를 수만 있어도
너에게서 나는
존재의 이유를 뛰어넘는 또 하나의 이유가 되겠는데

서릿발

아버지의 서릿발 같은 호통은
오히려 사랑이었다
호통의 경계선을 넘는 한
더 이상 자식이 아니다
그 사랑 먹고 자라서
아직 후레자식 소리 안 듣는다
–네 이놈,
소리 소리 다정한 메아리
서릿발, 목이 메인다

따뜻한 흉터

중지와 인지손가락 사이에 흉터가 하나 있다
어릴 때 선생님께 맞아서 생긴 상처다
한동안 상처는 미움을 담고 있는 그릇이었다
시간이 흘렀는데도
또 다시 상처 앞에서 낭패를 당했던 일이 돌아왔다
시험 감독관으로 서 있던 원인(원흉)으로 인해
제대로 실력을 발휘할 수 없었다
자신감에 찼던 내가 상급학교 진학의 길에서
처음으로 낙방의 고배를 마셔야 했는데
악연이란 그런 것이다
그 후 못난 마음의 내가 할 수 있었던 것은
어렵사리 그와 나를 동시에 용서하는 일이었다
자신의 출세를 위해 물불을 가리지 않았던 분이었지만
미움만으로 내게 상처를 안겨주지는 않았을 것이라고
믿기로 했다
주님의 말씀에 귀 기울이기로 했다
그 후론 어떤 시련도 약이 되어
또 하나의 생각이 내 안에서 자라났다

되도록 상처를 들여다보지 않기로 했다
미움을 담았던 그릇 속이 환하게 비어있기를 바랬다
누구라도 과거 속에 갇힌 새장의 새가 아니라
열린 세상을 향해 날아가는 비상을 꿈꾸어야 한다
상처를 통해 마음의 날개를 달아주었던
한 사람을 생각해 본다

흉터가 따뜻하다

이, 뭐꼬!

목욕탕에 입체 설치된 거울 사이에 서본다
마주 선 나와, 등진 나 사이에
발가벗은 내가 수없이 늘어서 있다
팔을 올리니 거울 속의 나도 따라서 올린다
따라 웃는다
겹겹의 대응이 한동안의 줄을 선다
범인은 빛의 반사와 꺾임 때문이다
빛을 반사하여 나를 보게 만든 것인데
마주 본 거울 사이에서는 반사와 반사가 거듭되어
끝도 없이 대응이 이어졌다
갑자기 여기에서 찍힌 내 모습을
엉뚱한 곳에서도 볼 수 있다는
엉뚱한 생각에 빠져본다
이를 테면 몰래 카메라라든지 CCTV라든지
하여간 지금은 개개인의 비밀이
더 이상 비밀일 수 없는 시대이다
얼마든지 모르는 사이에도
나는 발가벗겨지고 해체되고 분석된다

지랄같다. 이, 뭐꼬!
우선은 거울이라서 다행이다
끝 간 데 없이 비춰진 내 모습이
점 하나로 작아져가는 느낌 같았다

내가 너에게

누군가를 향해 내미는
손 하나의 의미는
우주의 가치에 버금갈 수도 있다
나 아닌 다른 이에게 손을 내민다는 건
마음을 주는 것
잡은 손 안에서
따스한 기운이 오고 가서
서로의 등불이 된다면
어떤 기다림이 지겨우랴, 찬바람 불어
등이 시린들 참아내지 못하랴
오랜 바라봄과 마음 씀으로
가슴을 적시는 따스함이 된다면
세상의 바람이 한결같지 않더라도
어느 시절인들 견디지 못하랴
비바람 폭풍우 속에서도
한 시절을 인내하였듯이
우리가 나누는 온기 하나로
가없는 사랑에 이을 수 있나니

내가 너에게 주는
이 끊임없는 향기
누군가를 향하여
손 하나를 내미는 의미는

■해설

소통과 질곡의 鎭魂曲, 섞임의 행보

정윤천(시인)

1.

추운 것들에게도 따뜻하다는 말을 입히면, 어디서부턴가 따뜻해져 온다. 박창기 시인의 시선집 "따뜻한 흉터"의 원고들을 일별하는 동안 내 의식 안으로 스며든 물결이거나 그의 시에서 가끔 등장하는 '파랑' 같은 생각이었다. 어쩌면 우리들 삶의 조건이거나 정황들은 박창기 시인의 '흉터' 에 관한 오래된 기억처럼 처음부터 따뜻하지 않는 예가 더 많았다. 더 더욱 '흉터' 는 아무 것들에게도 따뜻해주지 않는다. 지금도 사실 따뜻하지 않는 중이며, 따뜻함의 징후들은 멀리 있어 보인다. 그의 표제시 "따뜻한 흉터"라는 시편 앞에서 잠시 걸음을 멈추어 보았다. '따뜻' 하다는 말과 현상은 어디선가 주어지거나 기다려서 얻어지는 것들이기 보다는 창조하는 것이며, 창조되는 일이었음에랴. "따뜻한 흉터"에서 새삼스럽게 인식해 보기로 하였다. '가우'라고 불리는 한 노장의 세계관은 수많은 일인칭 형(어차피 서정시는 자아와 세계의 응시 속에서 태어난다.)의 '시'적 언어들과 記述을 통하여 '따뜻'함의 행로 위를 유영하고 있다. 그의 행보는 무척은 단단하며 묵묵해 보인다. 일견 고집스러움도 스미어 있다. 수사나 기법은 물론 유행에도 무관한 듯 보이는 박창기식 시의 발견과 초식들은 바람과 바다와 인간세의 혼탁 속에서 기인하는, 누추하거나 쓸쓸한 길 위에 서있다. 숱하게 보내고 왔으며 쉼 없이 다가오는 그의 시행들 특유의 외지고도 구석진 항로. 그 속으로 그는 말없이 출몰하고, 눕고, 절망하고 희망하고, 웃고 울기도 하지만, 그러나 자꾸만 다시 일어서는 모습을 견지하고 있어 보인다. 그의 전생이 詩僧이었는지도 모르겠다는 생각. 그렇게 그의 시들은 먼 곳에서부터 왔고, 먼 곳을 향해 나아가는 일이었다. 아직 끝나지 않은 '업'과도 같은 시의 결정을 완성하기 위하여, 새벽을 대면하는, '새벽'의 시가 저 아래에 있고, 인간의 '물질' 위에 인간의 '정신'을 상(上)으로 치는, 뼈아프게 고독한 천착의 시편들도 자꾸 눈에 뜨인다.

그의 시에서 드러나는 '섞임'의 정서들에게 주목하여, 시집 속의 가편들을 함께 살피는 방식으로 박창기 시인 내면의 말들에게, 필자의 말들이거나 딴지를 걸어 보기로 하였다.

중지와 인지손가락 사이에 흉터가 하나 있다/ 어릴 때 선생님께 맞아서 생긴 상처다/ 한동안 상처는 미움을 담고 있는 그릇이었다/ 시간이 흘렀는데도/ 또 다시 상처 앞에서 낭패를 당했던 일이 돌아왔다/ 시험 감독관으로 서 있던 원인(원흉)으로 인해/ 제대로 실력을 발휘할 수 없었다/ 자신감에 찼던 내가 상급학교 진학의 길에서/ 처음으로 낙방의 고배를 마셔야 했는데/ 악연이란 그런 것이다/ 그 후 못난 마음의 내가 할 수 있었던 것은/ 어렵사리 그와 나를 동시에 용서하는 일이었다/ 자신의 출세를 위해 물불을 가리지 않았던 분이었지만/ 미움만으로 내게 상처를 안겨주지는 않았을 것이라고/ 믿기로 했다/ 주님의 말씀에 귀 기울이기로 했다/ 그 후론 어떤 시련도 약이 되어/ 또 하나의 생각이 내 안에서 자라났다/ 되도록 상처를 들여다보지 않기로 했다/ 미움을 담았던 그릇 속이 환하게 비어있기를 바랬다/ 누구라도 과거 속에 갇힌 새장의 새가 아니라/ 열린 세상을 향해 날아가는 비상을 꿈꾸어야 한다/ 상처를 통해 마음의 날개를 달아주었던/ 한 사람을 생각해 본다// 흉터가 따뜻하다

—「따뜻한 흉터」 전문

별다른 주석 없이도 술술 읽히는 한 편의 '소설'이자 '小事'가 아닌가. 필자는 여기에서 인용시의 시적 성취라거나

작품성에 대하여 언급하기 보다는, 시의 내용에 스며들어 녹아있는 시인의 정신에게로 먼저 다가가보기로 한다.

"그 후론 어떤 시련도 약이 되어/ 또 하나의 생각이 내 안에서 자라났다/ 되도록 상처를 들여다보지 않기로 했다/ 미움을 담았던 그릇 속이 환하게 비어있기를 바랬다/ 누구라도 과거 속에 갇힌 새장의 새가 아니라/ 열린 세상을 향해 날아가는 비상을 꿈꾸어야 한다/ 상처를 통해 마음의 날개를 달아주었던/ 한 사람을 생각해 본다// 흉터가 따뜻하다"

독실한 크리스챤으로 알려진 박창기 시인은 어쩌면 일찍부터, 태초에 용서(?)가 있었음을 알아차린 사람이었는지 모르겠다. 어린 날을 지배해온 흉터의 내면에서, 그러나 그는 '약'과 '빈 그릇'과 '열린 세상'과 '비상'을 추수한다. 마치 동방박사들이 몰약과 유약을 품에 간직했던 일처럼. 천지분간을 모르는 손오공과 삼장법사가 천신만고의 변괴 뒤에서 천축에 다다른 날의 아침처럼, 용서와 개안과 따뜻함의 기척이 온몸에 와서 어리는 순간들을 묘파해낸다. 물론 모든 시들이 이런 의도나 기획을 미리서부터 담보하면서 쓰여 진다면 무척은 재미없는 일일 수도 있었다. 시는 결코 인간의 교화에 인용되는 교화문 만은 아닐 것이므로, 그럼에도 불구하고, 통속하고도 사사로운 소재로 시를 다루어 이만한 형식과 여운을 담아내는 일도 결코 만만한 작업은 아니었다. 누군가 이 시를 읽어서, 단 한 사람이라도 '따뜻' 함에 대하여 생각하게 하여 준다면, 이 시 역시 시집 안에 들어있는 가편이 아니겠는가.

너에게도 묻는다 (약간은 안도현 식이기도 하지만…) 당신의 흉터도 따뜻한가? 라고, 아직도 아니라면 서둘러서 자신의 흉터와 한 판 크게 붙어버릴 일이다. 그리하여 마침내 당신의 '흉터' 도 '따뜻' 해지길 시인은 바라고 있다.

이 저녁, 푸르른 정신을
어둠의 장막으로 펼쳐 놓고
세상의 한 쪽이 밤으로 눕는 시간에 맞추어
빛나는 것들을 초대한다
가까운 별들은 가로등에 걸어 반짝이게 하고
멀리 있는 별들은 하늘에 떠올라서 반짝이게 하자
그리운 것들이 마주보며 빛이 나는 사이
세상의 모든 것들이
저마다의 언어로 소통하고 있었나니
나는 푸르른 정신, 되도록 할 말을 아껴보리
멀리서 소리 없이 커가는 것들의 숭고함을 배우며
나무에 걸려 되돌아오는 세상의 어떤 소리를 들으리
내 푸르른 정신은 단단한 은유로 귀결되어

더욱 깊고 유장해질 것인지
귀를 기울이기로 한다
늦가을의 저녁이 발 앞에 와서
감잎빛 노을의 순간이 지나갔다 하더라도
저 명징한 서녘의 시간을 무엇으로 찬미하리
시간에 떠밀려 가는 혼돈의 흔들림으로
이렇게도 저렇게도 말고
이 저녁, 푸르른 정신 같은 것으로
날것 그대로 훤하게 반짝이기를

—「이 저녁 푸르른 정신으로」 전문

전문을 인용하여 서두에서부터 거론하고 싶은 시가 또 한 편 있었다. 바로 "이 저녁 푸르른 정신으로"에서 구현되고 있는 박창기 시인의 시관이며 시 세계이다. "가까운 별들은 가로등에 걸어 반짝이게 하고/ 멀리 있는 별들은 하늘에 떠올라서 반짝이게 하자/ 그리운 것들이 마주 보며 빛이 나는 사이/ 세상의 모든 것들이/ 저마다의 언어로 소통하고 있었나니/ 나는 푸르른 정신, 되도록 할 말을 아껴보리" 야참, 그렇구나 싶은 '소통'과 화해의 방식이 이 시의 시행에 푸르른 정신으로 가로놓여 있다. 그것은 바로, "가까운 별들은 가로등에 걸어 반짝이게 하고/ 멀리 있는 별들은 하늘에 떠올라서 반짝이게 하자"는 진술의 묘미로 발휘된다. 어느 시인의 유명한 시구에서처럼 "치워라, 그늘" 같은 태도가 매듭지어진 순간이다. 그것은 인위를 거부하는 박창기 시인의 시 이전의 태도와 방식이며, 나아가 그의 시 정신의 일단을 엿보게 하여준다. 이를테면 더 이상 우리들의 삶 속에서 '4대강 사업' 같은 지랄같은 짓들은 원치 않는다는 단호한 의사의 표현이다. 있는 것을, 보이는 것을, 느껴지는 것들을, 그대로 존중하자는 '말씀'이다. 정신이다. 그것이 또한 박창기 시인 방식의 '소통'에 관계하는 몸가짐이며 투혼으로 읽혀진다. 그는 한 차례 더 강조 하건데, "이렇게도 저렇게도 말고/ 이 저녁, 푸르른 정신 같은 것으로/ 날것 그대로 훤하게 반짝이기를" 간구하면서, "나는 푸르른 정신, 되도록 할 말을 아껴보리"를 스스로에게 다짐하는 모습이다.

새벽은 힘이 세다
추운 겨울 공기를 가르며
테니스장에 나서는 길
때론 귀찮고 추워서 주저할 때도 있지만
나를 일으켜 등을 떠미는
새벽은 힘이 세다
아침형 인간으로 만들어준 고마움에
감사한다

새벽이 낳아 놓은 사람들이 있다
세상의 곳곳에 작은 다리를 놓는 사람들
타인의 불편을 자신의 수고로 구제하는 사람들

첫 기차의 기관사처럼
첫 버스의 운전기사처럼
내게로 다가오는 택시기사처럼
꼭두새벽을 여는 새벽시장의 부지런한 손들
쓰레기를 거두어 가는 고마운 이들처럼
새벽은 힘이 세다
새벽은 힘이 센 사람들을 사랑한다

—「새벽은 힘이 세다」 전문

필자에겐 이 시 역시 예사롭지 않게 읽혔다. 나이에 비하여 아직 청춘의 기백과 기상이 역력한 박창기 시인에게 언젠가 한번은 개인적으로 그의 童顔과 '젊음'에 대한 질문을 던진 적이 있었다. 대답이 의외로 간결하고 명쾌했는데, 지금도 쉬지 않고 '테니스'를 치고 있다는 거였다.

추운 겨울 공기를 가르며
테니스장에 나서는 길

때론 귀찮고 추워서 주저할 때도 있지만
나를 일으켜 등을 떠미는
새벽은 힘이 세다

추운 겨울의 새벽에 '귀찮고', '주저 할 때'도 있는 '테니스장'을 나서는 시인은, 막상 그 새벽을 딛고 일어서는 자신의 강건에게 '세다'고 말하지 않고, "새벽은 힘이 세다"고 에둘러 말하고 있다. 자신의 새벽을, 보편의 새벽으로 환치하는 그늘이 시 속에 깃들어 있다. 저런 '풍유'의 방식은, 그가 더불어 살아온 시의 생활과 어울림 속에서 찾아온 여유는 아니겠는지. 박창기 시인은 늘 사람과 시와 바람과 바다 속을 살고 있는 사람으로 보인다. 시인의 말이 맞다. 새벽은 분명 힘이 세고, "새벽은 힘이 센 사람들을 사랑한다"

"첫 기차의 기관사처럼
첫 버스의 운전기사처럼
내게로 다가오는 택시기사처럼
꼭두새벽을 여는 새벽시장의 부지런한 손들
쓰레기를 거두어 가는 고마운 이들처럼"

그리하여 박창기 시인의 '새벽'은, 저들이 한사코 존재하는 세간의 누추함들 속으로 걸어오기 위하여, '따뜻' 하고 '소통' 하고 '섞여' 지기 위하여 발화하는 자신의 動力, 말하자면 이것들이 그의 '시' 이며 '흙터' 인 셈이다.

2.

여기서 부터는 다시 박창기 시집 "따뜻한 흙터"의 처음으로 돌아가 그의 시가 지향하거나 지탱해온 사유의 시간 속을 거슬러 내려와 보기로 한다. 초기의 시집 중 하나인 〈바다 경전〉의 해설을 맡은 바 있는 평론가 이진엽은, 당시에도 박창기 시의 개괄적인 인상을 "파도와 바람이 쓴 잠언서" 라고 칭한 바 있었다.

"(…전략) 바다 앞에서 인간의 나약한 의지와 삶은 다시 뜨겁게 충전된다. 그러나 무엇보다 바다는 일상에 찌들어 사는 '나' 의 의식을 항상 일깨워 주고 있다는 데 그 참된 가치가 있다. 그러므로 바다는 영원이란 시간 속에서 '나' 에게 부단히 삶을 성찰하게 하는 대자연의 스승이자, 그것에 동일화되고 싶은 갈망을 느끼게 하는 생명체적 원형질이다.

이러한 '바다' 와 '나' 의 유기적 관계는 박창기 시인의 시집 『**바다경전**』(2005. 도서출판 그루)에서 깊이 있게 드러난다.

뭍에 있어도/ 마음은 자꾸 바다로 달린다/ 뜻도 모르면서/ 바다경전에 푹 빠져서는 읽기만 했었던/ 나에게 최초의 시는 바다였다/ ……(중략)……/ 바람은 나보다 경전을 더 잘 읽었다/ 바람은 파랑을 수도 없이 데리고/ 경전의 구석구석을 다독이듯 읽었다

그 큰손으로 바다를 다루는데/ 파도 같은 경전이 어쩌지 못하는 걸 보면/ 보잘 것 없는 나를 변화시켜야 한다는 데 동의하고 만다/ 겨우 몇 장의 경전을 넘겼을 뿐이데/ 심연의 끝장을 넘기기까지는/ 몇 번의 허물을 벗고서야 다시 나게 될지 / 이즘 해변에 서면 파랑이 남긴/ 언어의 파편을 줍는 것이 고작이다

—「바다경전」에서

바다는 단순한 물리적 처소가 아니다. 그것은 거대한 자국을 내며 작용하는 대승大乘이자 삼라만상의 온갖 섭리와 비의秘義를 내포하고 있는 화엄경이다. 그러므로 시인에게 있어서 바다는 깊은 깨우침을 주는 대자연의 '경전' 이며, '최초의 시' 인 것이다. "〈이진엽의 해설〉중에서"

라고 말하고 있다. 이번의 시집에서도 박창기 시인의 시

의 '바다'는 도처에 꿈틀대고 있음을 본다. 살아서 '파랑'의 몸서리를 앓기도 한다. 그의 바다는 시인의 의식계 언저리에서 아직도 파도의 포말로 떠돌고 있었다. 그렇다면 그것은 한 시인의 최초의 시가 '바다'였기 때문이었을까. 그렇게 박창기 시인을 지배해온 바다는 그러나 이번의 시집 "따뜻한 흉터"를 통해 많은 부분이 소멸되었거나 개진되었고, 개진의 아픔과 성찰을 통해 더욱 깊고 우원한 심연에 이르렀음을 보여주고 있는 것 같다. 그렇게는, 누구에게나 '바다'를 떠나와야만 비로소 '바다'에 닿거나 보이는 정한 한 이치는 아니었을까.

늦은 귀로의 어머니
손등 위로 비치는
더 고울 것도 바랠 것도 없는
빛깔

단풍 한 잎!

—「가을빛」 전문

늦은 어머니의 손등 위에서 "가을빛"을 읽어내는 노장의 눈에서 그의 '바다'는 전혀 새로운 개안의 눈을 치켜떴음을 엿보게 하는 대목이다. 하물며, "늦었지만/ 나, 속 털어 보기로 하네// 가진 게 없어/ 남길 것은 없지만/ 속 썩였던 동안에게/ –미안하다/ 말하기// 더 사랑하지 못했던 일들에게/ 미워해 달라 말하기// 이제 돌아가야 하는 길에/ 더 미워할 거 없느냐/ 물어보기. 〈돌아가는 길〉"

하물며, 저와 같은 시의 제목 속으로 자신의 '귀로'를 얹는 솜씨 앞에 이르러서는 누구나 고개를 끄덕이게 해줄 것 같은 근작들의 위용과 형식을 대하게 한다.

> 휘영청이라는 말 참 좋다
> 저 달빛 아래서는 어떤 오류도 용서될 것 같은
> 저 달빛 아래서는 어떤 유희도 가능할 것 같은
> 그래서 저 달빛 아래서는 까닭 없이 휘청거렸었는지
> 너나 할 것 없이 달빛 그림자에 묻히곤 했지
> 청춘은 그렇게 어제를 묻고 아침을 맞았지
> 아무도 뒤돌아보지 않았지
> 달빛은 그날이면 휘영청 밝았지
>
> —「휘영청」 전문

영락없는 남도 가락의 한 대목만 같이 읽혀진다. '휘영청' 굽이치고, 애닯고 서러웁지 않은가. 그렇게 그의 시들은 이제금 '어제의 청춘을 묻고, 내일의 아침을 기다리는

데, 다행이로세. '달빛'이 '휘영청' 밝았노라고 하니. 그 달빛 아래에서 시인의 '시'의 유희는 얼마든지 앞으로도 가능할 수 있을 것 같다는 독백을 고해주고 있었으니.

필요조건이 없는 인문과학은 죽은 학문이다. 성찰이 없는 시와 사회도 몰염치의 징후다. 변화를 추구하지 않는 지혜는 지겨울 수 있으나, 강바닥에 놓인 징검다리를 건너듯 시의 사회도 그런 걸음을 걸어왔다. 벼랑 앞에 서 있는 한 마리 여우로 몰락해서는 안 될 일인데, 7080 콘서트, 다수의 대중이 흘러간 가수와 음악에 취해 하나가 되었다. 세월을 훌쩍 건너왔음에도 그 시절의 추억과 정서를 반기고 만족한다. 일부나 일시적인 현상으로 치부될 수 있으나 그건 아니다. 대중성에 반한 나 홀로 시인의 시대. 시는 어쩌면 그들만의 축제로 타락했는지 모른다. 지나간 노래가 오히려 편안하다. 시도 저처럼 가슴에서 오래 남기 위해서는 쉽게 읽혀야 하지 않을까. 입에서 놀아야 하지 않을까. 온몸으로 느껴야 하지 않을까.

7080 콘서트를 보다가 불현듯 화가 치밀어 올랐다. 온몸으로 건네지는 시가 있어야할 자리에, 저마다 혼자 놀아나는 시의 몰락시대. 진정한 사유 속에서 맺혀지는, 저런, 가락 속으로 고개를 끄덕여보고 싶었다.

—「7080 콘서트를 보다가」 전문

한 편의 시로 다가오기 보다는, 어떤 의미에서 자신의 시론으로 읽히는 "7080 콘서트를 보다가" 역시 이전의 시들과 대변되는 박창기 시인의 시적 실험과 질료에 관한 변모로 보여진다.

무릇 '7080' 뿐이겠는가. 오죽하면 '스마트 폰' 에게 빼앗겨버린 가족과 일상들에게 묵념을 올리자는 '공익광고' 가 방영될 정도로, 우리 사회의 문화와 삶의 양태는 극한과도 같은 변화의 질곡 속에서 몸서리를 치거나 신음소리를 내는 지경에 처해 있다. 향후 50년 이내에 가장 먼저 사라질 것들의 목록 중에서, 거기에 시인과 소설가는 물론 문학이라고 불리는 통칭 역시 상위권에 처해 있음을 어찌할 것인가. 박창기 시인 역시 그러한 세태에 직면한 것인지. 불현듯 울화에 처해있는 상황을 직설로 피력하는 중이다. 그보다 앞서, 이 시의 언술에서 드러나는 뚜렷한 정서는 '나 홀로' 시인들에 대한 안타까움과 분노에게 일정부분의 항의성 채근이 내포되어 있는 것으로 비쳐진다. 물론 세태에 관한 시인으로서의 반성이자 자기 검열의 측면도 있었을 것이다. 하지만 뒤에 따라오는 시에서 예시되는 "쉬으러 가네/ 쉬으러 가네"라는 시행 속에 투사된 화해와 소통의 방식이, 위에서도 한 차례 언급한 바 있는, 박창기 시인의 근간 시집인 "따뜻한 흉터"에 자리잡고 있는 궁극의 긍지가 아니었을까하는 짐작을 가지게 한다. 그러고 보니, 다시 한 번 되뇌어 보아도 섞인다는 말 참 좋다!

잘 있게, 이념이여
닫힌 마음 내려놓고
열린 세상으로 나가네
나, 가네
섞으러 가네
섞으러 가네

—「나, 가네」 후반부

아름다운 시와 시심의 보급운동을 모토로 오랜 시간 "시하늘"과 함께 살아온 시의 두령이자 보스였던 박창기 시인. 아니나 다를까 그의 생김이며 외관과는 무관하게 여리고 순정한 눈물의 시편들도 이 시집 속에 함께 자리잡고 있었으니, 그런 시 한 편을 다시 한 번 이 글의 끝자리에 놓아 보는 것으로 필자의 중언부언한 '해설'을 대신할까 생각해 본다. 아직도 '새벽'처럼 힘이 센 그의 시행들이 "절대로 가져가지는 못하나니/ 기꺼이 쓰고 가자" 〈돈〉일부. 에서처럼 비단 '돈'뿐만이 아니라, 그의 혼에서 넘쳐나는 시들 또한 남김없이 모두 '쓰고'가기를 축원해 보기로 한다. 아울

러 시집의 상재를 축하드린다.

가을에 하는 이별은 단순할 일이다

지는 것들의 낙하처럼

지는 것도 사랑이니 슬퍼할 일이 아니다

되돌아가는 연습이니 그리 서러울까

낙하 뒤에 얼핏 비치는 슬픈 모습도

다 지고 난 숲속의 여유처럼 단순할 일이다

슬퍼한들 무슨 위안이 되겠느냐

때를 기다리는 지혜를 (배워야 하지 않겠느냐)

먼 기다림의 뜰에 서기瑞氣 어리면

단순해서 행복하다 말하기

가을에 하는 이별은 단순할 일이다

—「가을의 이별」 전문

따뜻한 흙터

2014년 4월 15일 초판 1쇄 찍음
2014년 4월 20일 초판 1쇄 펴냄

지은이 _ 박창기
펴낸이 _ 나문석
펴낸곳 _ 도서출판 두엄
편　집 _ 장상호
표지 디자인 _ 김옥경
프로필 사진 _ 박종천

등록번호 _ 제03-03-503호
주소 _ (700-441) 대구광역시 중구 남산3동 582-7번지
대표전화 _ (053)423-2214
전자우편 _ dueum@hanmail.net

ISBN 978-89-85645-50-8 03810